Poetischer Cocktail

DR. HELMUT MAHLICH

Poetischer Cocktail

Heitere und besinnliche Verse

FSC
www.fsc.org
MIX
Papier aus ver-
antwortungsvollen
Quellen
Paper from
responsible sources
FSC® C105338

Bibliografische Information der Deutschen Nationalbibliothek:
Die Deutsche Nationalbibliothek verzeichnet diese Publikation
in der Deutschen Nationalbibliografie; detaillierte bibliografische
Daten sind im Internet über <u>dnb.dnb.de</u> abrufbar.

© 2020 Dr. Helmut Mahlich
Satz, Umschlaggestaltung, Herstellung und Verlag: BoD – Books on
Demand, Norderstedt
ISBN 978-3-7519-1201-3

Schon in der Schule Du es lernst:
Die Lage war noch nie so ernst!
Wo ist die »gute alte Zeit«?
Die Frage bringt Dich auch nicht weit.
Und schaust Du nach, wirst Du erleben:
die »gute Zeit« hat's nie gegeben.
Und geht's Dir mal besonders schlecht,
schimpfst Du, dies sei doch ungerecht.
Nicht hilfreich sind derlei Beschwerden:
so wie es war, wird's nie mehr werden.
Es fehlt Dir nicht an gutem Willen,
an schwarz-weißen und rosa Brillen.
Wie es sein sollt' so war's noch nie –
das zu versteh'n braucht's kein Genie.
Schon vor Corona gab es Krisen,
das ist inzwischen wohl bewiesen.
Dabei – da hilft kein Lamentieren –
gibt's eine Menge zu verlieren.
Für Haus und Hof und Arbeitsplatz
gibt's leider nicht so schnell Ersatz.
Viel schwerer als ein neuer Benz
wiegt der Verlust der Existenz.
Und nimmt die Krise überhand,
verlierst Du auch noch den Verstand.
Und ohne Sinne, Nerven, Kopf
stehst Du bald da als armer Tropf.

Jedoch am schlimmsten kommt mir vor
verlierst Du auch noch den Humor:
Die Fähigkeit nach vorn zu seh'n
und nach der Krise aufzusteh'n.
Gäbs nicht so viele ernste Sachen
wir hätten sicher mehr zu lachen.
Ist auch das Leben nicht bequem:
lach nicht deswegen, lach trotzdem.

Inhaltsverzeichnis

Vorwort

Das vorliegende Büchlein bietet heitere Unterhaltung in Texten, die von Thematik und Form sehr heterogen sind, mit allen Zutaten des Lebens, mal schräg, mal spitzzüngig-hintersinnig, heiter, besinnlich und ernst, manche lang, manche kurz-prägnant, wie es das Gedicht, das dem Büchlein den Namen gegeben hat und das sich im Kapitel 4 findet, ausdrückt.

Worum geht es? Um die Liebe natürlich, um große und kleine Abenteuer und Dramen, Menschliches und Tierisches, Heilkunst und andere Künste, Sport und das Gegenteil davon und um vieles mehr.
Und was wünscht man für den Genuss eines Cocktails?
Wohl bekomm's und viel Vergnügen!

Sonthofen, Frühjahr 2020

Dr. Helmut Mahlich

1 Verbindungen

Kaum einer weiß noch, dass Verbindungen in der Mitte des 19. Jahrhunderts eine der Keimzellen der folgenden demokratischen Umwälzungen waren, die zum Hambacher Manifest und der Versammlung in der Frankfurter Paulskirche führten. Heute verortet man sie ganz woanders. Aber es gibt auch Verbindungen, die geselliges Beisammensein, Kultur und eine offene Diskussion pflegen, in denen Meinungs-Vielfalt nicht nur möglich, sondern sogar gewünscht ist. Fechten ist hier auch nicht »Mensuren-Schlagen«, sondern Sport mit entsprechender Ausrüstung, professionellem Training und Teilnahme an sportlichen Wettkämpfen. In einer solchen Verbindung war der Verfasser einige Zeit Mitglied und aus dieser Zeit stammen die beiden folgenden Beiträge. Die »Kneipe« bezeichnet dabei sowohl den Ort als auch das, was dort geschieht, wobei sich niemand daran störte, dass der damalige Sprecher Milch trank (!). Und »Zeitung« war ein humorvolles Portrait der Bundesbrüder zu Anfang des Neuen Jahres. Dass der Leser die beschriebenen Personen nicht kennt, tut dem Spaß keinen Abbruch.

Kneip-Zeitung

Ein Mensch begibt zur Neujahrszeit
zur Kneipe sich nach Bubenreuth.
Man eilt durch Feld und Wald geschwind –
wohl auch, weil alle hungrig sind.
Fragt man den Menschen nach dem Grund
des Marsches zu so später Stund',
so wird er flugs entgegnen Dir:
»Geh' meilenweit für Kitzmann-Bier.«
Man hat genug von Sekt und Punsch,
ein jeder hat nur einen Wunsch,
es möge endlich enden heut'
die Bier-lose, die schreckliche Zeit.
Zur Mörsbergei zieht's alle hin,
man war ja soooo lang nicht mehr drin.
Man diskutiert, man raucht und spricht
und achtet auf den Kneip-Wart nicht,
der plötzlich ruft: »Silentium!«
Gar mancher kümmert sich nicht drum
und denkt, obwohl's ihn heimlich reißt,
dass er »Silentium« nicht heißt.
So muss zum zweiten und zum dritten
der Kneip-Wart noch um Ruhe bitten.
Er spricht:« Wir singen, liebe Leut',
wie immer »Hurra Bubenreuth.«

Wer singt so tief aus voller Brust
wie einer singt von »Waldeslust«?
Mit schwarzem Bart, zwei Zentner schwer
als ob er schon hochschwanger wär.
der stimmgewaltig bei Erregung
und dessen typische Handbewegung
ist jener Wirbelsäulen-Staucher,
Bud Spencer für Normalverbraucher.
Wenn der dich packt, dann legst di nieder:
ein jeder kennt ihn: unsern Frieder!

Dagegen von ganz anderer Art,
im Habitus ein wenig zart,
verschmitzt und still, ein »Weißer Rabe«,
ist Peter, unser wackerer Schwabe.
Als graue Maus er jedermann
darüber Auskunft geben kann
wie man ein Glas im Härtetest
aus zwanzig Metern fallen lässt.
Er leert den Krug und überlegt,
was wohl ein preußisch' Glas verträgt.
Hoch oben steht er am Balkon,
er holt weit aus und wirft ihn schon
in hohem Bogen in die Nacht.
Ein jeder wartet, dass es kracht.
Der Krug bleibt ganz am Boden steh'n,
der Peter kommt, ihn anzuseh'n,

füllt ihn mit Bier und geht von dannen.
In Bonn war's, bei den Alemannen.

Auch unser hoher Fuxmajor
tut sich beim Singen sehr hervor.
Die Mütze tief im Nacken sitzt,
der Schalk ihm aus den Augen blitzt.
Er ist im Lande so bekannt,
dass vieles wird nach ihm benannt
wenn's gilt, etwas hoch anzupreisen.
Noch nie gehört von »Winter-Reisen«?
Wer's nicht glaubt, fahr' nach Bonn hinaus
und geh' aufs Alemannen-Haus.
Er findet dort wohl ein Plakat,
gelb-rot, ein Meter im Quadrat.
Dort steht, im Treppenaufgang find' er's:
»Die Sonnenseiten unseres Winters.«

Nach Schwaben, Franken oder Preiss 'n
kommt jetzt der Sprecher in die »Reißen«.
Wenn er aufmacha tuat sei Mäu,
dann brauchst ned lang, dann spannst das glei:
a Bayer is er durch und durch,
genannt »Spitzbart von Wasserburch«.
Weil er guat reden kann und viel erzählt,
drum hat d' Versammlung eahm zum Sprecher
g'wählt.

Doch waar des ois viel leichter zum ertragen
daat weniger er reden und dafür mehr sagen.

Vom Fuxen Alfred, dass Ihr's wisst
sehr viel nicht zu berichten ist.
Er kommt nicht oft, er macht sich rar,
drum hab als Spruch zum Neuen Jahr
für ihn ich diesen Rat im Sinn:
»Come on my Boy, aktiv ist in.«

Einer von uns – wie Ihr wohl wisst,
aus kühlem Grund nicht bei uns ist:
er hat zum Bremsen – oh verflucht! –
'nen BMW sich ausgesucht.
Seitdem reimt zechen sich auf blechen,
doch woll'n wir hier den Stab nicht brechen.
Und ist Dir lieb dein Führerschein,
mag's Dir ein warnend' Beispiel sein.
Sonst geht's Dir an den Kragen bald
und Dich kriegt auch der Staatsanwalt.

Und wer bis jetzt noch nicht kam vor,
der mög' es tragen mit Humor.
Für die hab' ich das Lob bereit,
dass Ihr ein »dufter Haufen« seid.
Zwar gab's auch mancherlei Exzess,
zum Beispiel nach Examens-Stress .

Die Namen der Chronist nicht nennt,
weil sowieso sie jeder kennt.
Und überdies ist's nicht mehr wahr:
es war ja noch im alten Jahr.

Nun hab' ich vieles Euch gesagt.
Drum – alldieweil der Durst mich plagt –
so sag' zum Schluss ich eines noch:
»Prost! Bubenruthia lebe hoch!«

Anm.: Neujahrskneipe in der Mörsbergei,
Bubenreuth bei Erlangen, 1976

Damenrede

Du trinkst dein Bier mit heiterem Sinn,
da tritt ein Charge vor Dich hin.
Mit Zahnweh-Miene sagt er dreist,
was für ein feiner Kerl Du seist.
Du merkst es gleich und bist ergrimmt:
dass irgendetwas hier nicht stimmt.
Genauso ist's, der Charge spricht:
»Geh, mach kein störrisches Gesicht.
Du wirst die Damenrede halten
und sie fein dichterisch gestalten.«
Und wenn der Mensch auch noch so schleimt,
er muss es tun – und zwar gereimt.
Nun sitzt er da und weiß noch nix,
bedient sich drum des alten Tricks
und fängt – wie's viele schon getan –
bei Adam und bei Eva an.

Von Damen man – wer wüßt' es nicht –
auch gern als »Evas-Töchter« spricht.
Doch Eva – dies ist wohlbekannt –
aus Adams Rippe einst entstand.
Wenn man darum nun konsequent
die Damen »Adams-Töchter« nennt,
so wäre dies am Ende schon
ein Beitrag zur Emanzipation.

Doch sei des alten Spruchs gedacht:
Das haben wir so noch nie gemacht.
Der Apfel bracht' den Stein ins Rollen.
Adam hätt' ihn nicht essen sollen.
Er hätt' ihn wohl nicht angerührt
wenn seine Frau ihn nicht verführt.
Doch warum Böses nur von Eva sprechen
anstatt für sie auch eine Lanze brechen?
Wär' Eva nicht gewesen seinerzeit,
hätt' Adam nur gelebt in ewiger Einsamkeit.
Doch ließ das schönste Paradies er sausen
müsst' er für immer einsam darin hausen.
Nun lebt er zwar in irdischer Unvollkommenheit,
jedoch im neuen Paradies: im Glück zu zweit.

Nun frag ich mich: mach' ich denn Sprüche?
Bringt Evas Lob mich in des Teufels Küche.
In dieser Küche gibt's genug des Teufels-Schmauses:
»Äpfel mit Schlangengift – nach Art des Hauses.«
Wir Adams-Söhne sind dazu geladen.
Was Adam aushielt, kann uns auch nicht schaden.
Doch ist seit alters her bekannt:
die Liebe bringt den Mann um den Verstand.
Dies hatte einen modischen Bezug,
da Eva außer 'm Feigenblatt nichts trug.
Wie einfach wär' es heute für jeden Mann,
wenn er Garderobe von den Bäumen pflücken kann

anstatt getrieben wird in den Ruin
vom Ruf der Frau: »Ich hab' nichts anzuzieh'n.«

Doch nördlich, südlich, westlich, östlich
ist kostenloses selten köstlich.
Den Wert der Eva jeder Adam kennt,
drum scherzend er sie »Bessre Hälfte« nennt.
Als Frauen, Freundinnen und Bräute
seh' ich viel bessre Hälften heute,
die hier sind um das Fest zu zieren,
mit Charme und Schönheit zu brillieren.
Doch Fux gib' acht, denn Evas List
seit alters ihre Waffe ist.
Der Mann erkennt – sein' wir mal ehrlich:
Frauen sind schön, doch auch gefährlich.
Doch alle Vorsicht meist nichts nützt,
der Mann aufs Neue in der Falle sitzt.
Er sieht es ein, nicht mehr entrinnen möcht' er:
was wär' das Leben o h n e unsere Evas-Töchter!

Anm.: Damenrede zum Ball, Bubenreuther Haus,

Erlangen, Februar 1977

2 Safari

Wer auf Safari geht, will Tiere beobachten. Das ist nicht immer ganz einfach, die Tiere haben schließlich ihren eigenen Rhythmus und kommen und gehen wie es ihnen passt.

Aber dann gibt es sie doch, die magischen Momente, die man nicht bestellen kann und die gerade dann geschehen, wenn man sie nicht erwartet. Das folgende Gedicht gibt auf heitere Weise die Eindrücke einer Reise ins südliche Afrika im Februar 2017 wieder. Man kann sogar dazu singen. Als Melodie empfiehlt sich »Ein bisschen Spaß muss sein« von Roberto Blanco.

Safari-Song

Refrain

Ein bisschen Gras muss sein
dann kommt das Gnu von ganz allein
so viele wie wir heute noch seh'n
so soll es weitergeh'n.
Ein paar Giraffen noch,
dann lohnt sich die Safari doch
Am Schluss stimmt auch der Löwe mit ein:
ein bisschen Gras muss sein.

Vers

Zebras hier, Büffel da
auch ein Nashorn kommt uns ganz schön nah.
Ein Elefant streift durch das Land
Und der Löwe wälzt faul sich im Sand.

Refrain

Ein bisschen Gras muss sein
dann kommt das Gnu von ganz allein
so viele wie wir heute noch seh'n

so soll es weiter geh'n.
Ein paar Giraffen noch,
dann lohnt sich die Safari doch.
Am Schluss stimmt auch der Löwe mit ein:
ein bisschen Gras muss sein.

Vers

Büffel stapfen durch das Gras,
Hippos schau 'n aus dem sumpfigen Nass,
Krokodile liegen faul
am Ufer mit offenem Maul.

Refrain

Ein bisschen Gras muss sein
dann freut sich auch das Warzenschwein,
ein Rudel Löwen paart sich im Nu
Touristen schauen zu.
Ein Nashorn bleibt kurz steh'n,
dann sieht man's durch die Büsche geh'n.
Am Schluss begreift auch der Leopard:
Ganz ohne Gras wär's hart.

3   Therapeutisches

Der nachfolgende Song wurde vom Verfasser vertont und bei der Weihnachtsfeier einer Psychosomatischen Klinik uraufgeführt. Dass der Chef und der Oberarzt miteinander tanzen, kommt nicht alle Tage vor. Dass sich jeder der Anwesenden in dem Inhalt des Liedes wiedererkennt, auch nicht. Vielleicht geht auch manchem Patienten bei der Lektüre ein Licht auf. Seien Sie versichert: die Wirklichkeit ist viel grotesker und absurder als das Lied. Um nicht wütend oder depressiv zu werden, hilft nur, darüber zu lachen.

Mögen die »Kleinen Negerlein« auch nicht politisch korrekt sein, so eignet sich der überlieferte Abzählreim jedoch gut – gerade im geschützten Raum der Klinik – Verläufe zu erzählen, die ganz und gar nicht lustig sind. Der Verfasser versichert, dass sich alles so zugetragen hat, er hat es selbst erlebt, mit Augenzeugen gesprochen und alte Protokolle gelesen. Und »korrekt« ist ein Wort, das in einer Klinik, in der Menschen Hilfe suchen, die eben dieses Gefühl nicht mehr haben, weil sie bisher immer mit dieser Keule »geschlagen« wurden, sinnlos und absurd klingt. Also lassen wir das beiseite.

Therapeuten-Song

Vers

Früher hab ich gern meine Arbeit gemacht
und nur an das Wohl der Patienten gedacht.
Damit's uns nicht zu gut geht, haben wir jetzt
das Gesundheits-Reform-Modernisierungs-Gesetz,
das zum Verschlüsseln aller Diagnosen zwingt
und uns damit endlich Erleuchtung bringt.
Und damit es jemand gibt, der am letzten lacht,
haben wir den MDK, der über uns wacht
und statt uns Zeit für die Arbeit zu lassen
müssen wir endlose Berichte verfassen,
auf die sich dann die Aufpasser stürzen,
um die Verweildauern zu verkürzen.

Refrain

Die Kasse kriegt den Kosten-Blues
weil sie die Rechnung zahlen muss.
Zum Glück gibt's ja den MDK,
der sagt immer nur »nein« und niemals »ja«.
Wir wollen uns die Zeit vertreiben,
indem wir fleißig weiter Einspruch schreiben.

Vers

Unsere Sekretärin sagte mir neulich:
»Es gibt eine Nachricht, die ist nicht erfreulich.
Mit der Patientin Müller gibt's ein Problem.
Ein Anruf beim MDK wäre angenehm.«
Nichts wie Ärger, denke ich, was soll schon sein
bei dem Kostenübernahme-Verweigerungs-Verein.
Gesagt-getan, da sitz' ich auch schon
mit der Akte der Patientin am Telefon.
Mit einer Stimme wie Blech sagt so ein Schnösel:
»Hier MDK Westfalen-Lippe, Dr. Brösel.«
Ich sage ihm, dass es um die Patientin Müller geht
und les' ihm vor was dazu in den Akten steht.

Refrain

Die Kasse kriegt den Kosten-Blues
weil sie die Rechnung zahlen muss.
Zum Glück gibt's ja den MDK,
der sagt immer nur »nein« und niemals »ja«.
Wir wollen uns die Zeit vertreiben
indem wir fleißig weiter Einspruch schreiben.

Vers

»Stationäre Therapie ist für mich hirnverbrannt,
denn das behandelt man heute nur noch ambulant.
Und überhaupt fehlt mir das psychiatrische Element,
deshalb halte ich Sie für gar nicht kompetent.
Besser wär's, sie wohnortnah zu versorgen.
Ich erwarte Ihren Bericht bis übermorgen.
Und bei alledem komme ich zu dem Schluss,
dass Klinikbehandlung hier nicht sein muss.
Beantworten Sie erstmal 100 Fragen,
dann können wir Ihnen weiteres sagen.
Das Berichte-Schreiben ist Ihre Pflicht
und zahlen werden wir erstmal nicht.«

Refrain

Die Kasse kriegt den Kosten-Blues
weil sie die Rechnung zahlen muss.
Zum Glück gibt's ja den MDK,
der sagt immer bloß »nein« und niemals »ja«.
Wir wollen uns die Zeit vertreiben
indem wir fleißig weiter Einspruch schreiben.

Vers

Voller Wut habe ich – das ist nicht gelogen -
schon den nächsten Brief in Erwägung gezogen.
Ich ließ es dann bleiben, es war mir zu dumm:
bei der ganzen Schreiberei kommt überhaupt
nichts rum.
Nun gibt von Briefschreibern mehrere Sorten:
den einen fehlt's zuerst an Worten.
Die anderen wollen gleich übertreiben
und schon beim Erstgespräch sechs Seiten
schreiben.
Und überhaupt kriegst du bloß einen Frust
wenn du den gleichen Kram fünfmal schreiben
musst.
Und klappt's beim nächsten Mal wieder nicht,
dann sehen wir uns eben vor Gericht.

Refrain

Die Kasse kriegt den Kosten-Blues
weil sie die Rechnung zahlen muss.
Zum Glück gibt's ja den MDK,
der sagt immer bloß »nein« und niemals »ja«.
Wir wollen uns die Zeit vertreiben
indem wir fleißig weiter Einspruch schreiben.

Vers

So hab' ich mich hingeschleppt über Wochen
und hab' schließlich doch mit dem Chef gesprochen.
Der sagt ganz kühl: »Für mich ist das Sport.
Ich hab' schon das richtige Zauberwort.
Das bringt den ganzen Zug zum Entgleisen.
Daran sollen sie sich die Zähne ausbeißen.
Dann wird Dein Brief endlich wasserdicht
und hat gute Chancen vor Gericht.
Wir schaffen uns raus aus der Krise.
Wir sind vollkommen ruhig ist die Devise.
Der Körper ist warm und die Stirn ist kühl,
wir haben ein prima Team-Gefühl.«

Refrain

Die Kasse kriegt den Kosten-Blues
weil sie die Rechnung zahlen muss.
Zum Glück gibt's ja den MDK,
der sagt immer bloß »nein« und niemals »ja«.
Wir wollen uns die Zeit vertreiben
indem wir fleißig weiter Einspruch schreiben.

Vers

»Dass es der Patientin noch nicht besser geht,
das liegt an der Komorbidität.
Sie ist zum Entlassen noch längst nicht soweit,
denn ihr fehlt die Alltags-Tauglichkeit.
Bei den Werten, die im SCL-90 steh'n,
kann sie jetzt noch nicht in die Arbeit geh'n.
Wir therapieren sie systemorientiert
und mit der Zeit geht das dann wie geschmiert.
Wir brauchen dazu noch mehrere Wochen,
wie es im Vorbericht schon besprochen.
Sie haben es immer noch nicht kapiert,
dass hier störungsspezifisch gearbeitet wird.«

Refrain

Die Kasse kriegt den Kosten-Blues
weil sie die Rechnung zahlen muss.
Zum Glück gibt's ja den MDK,
der sagt immer bloß »nein« und niemals »ja«.
Wir wollen uns die Zeit vertreiben
indem wir fleißig weiter Einspruch schreiben.

Vers

»Unser Ansatz hier ist multimodal,
Evidenz-basiert und Methoden-neutral.
Was wir unter Psychodynamik versteh'n
kann man in der therapeutischen Gemeinschaft
seh'n.
Die Ich-Stärkung ist wichtig, sonnenklar,
denn das soziale Umfeld ist nicht veränderbar.
Wobei Symptom- und Ressourcen-orientiert
die Problemlösungs-Kapazität vergrößert wird.
Die unbewussten Prozesse
sind von besonderem Interesse.
Wird das von Ihnen nicht erkannt,
scheitert alles am inneren Widerstand.«

Refrain

Die Kasse kriegt den Kosten-Blues
weil sie die Rechnung zahlen muss.
Zum Glück gibt's ja den MDK,
der sagt immer bloß »nein« und niemals »ja«.
Wir wollen uns die Zeit vertreiben
indem wir fleißig weiter Einspruch schreiben.

Vers

Während meine Hörer ihren Sekt jetzt schlürfen
werde ich noch ein wenig träumen dürfen.
Ich träume davon, ob Sie's glauben oder nicht,
dass beim MDK die Vernunft ausbricht.
Die Einsicht setzt sich durch – Gott sei Dank:
die Therapeuten sind gut und die Patienten sind
krank.
Unsere Finger sind nicht mehr verkrampft
und die Berichte werden eingestampft.
Wir haben endlich Zeit wie noch nie,
krempeln die Ärmel hoch und machen Therapie.
Und mit einem Mal tut's einen Donnerschlag
und der MDK ist weg am nächsten Tag.

Refrain

Die Kasse kriegt den Kosten-Blues
weil sie die Rechnung zahlen muss.
Zum Glück gibt's ja den MDK,
der sagt immer bloß »nein« und niemals »ja«.
Aber mit den Einsprüchen ist jetzt Schluss,
weil auch dieses Lied einmal zu Ende gehen muss.

10 Kleine Negerlein

10 kleine Negerlein
konnten sich nicht mehr freu'n,
der eine sprang vom Jungfernsprung,
da waren's nur noch **9**.

9 kleine Negerlein
haben Therapie gemacht,
der eine hat im Bett geraucht,
da waren's nur noch **8**.

8 kleine Negerlein
sind in der Trance geblieben
doch einer kam nicht mehr zurück
da waren's nur noch **7**.

7 kleine Negerlein
die waren ganz perplex:
bei einem war der Finger ab,
da waren's nur noch **6**.

6 kleine Negerlein
die gingen heimlich aus.
doch einer blieb im Puff zurück,
den schickte man nach Haus.

5 kleine Negerlein
die saßen am Klavier.
Doch weil der eine Trübsal blies,
da waren's nur noch 4.

4 kleine Negerlein
die taten einen Schrei.
der eine ist vor Schreck erstarrt,
da waren's nur noch 3.

3 kleinen Negerlein
war alles einerlei,
sie haben Therapie geschwänzt,
da waren' s nur noch 2.

2 kleine Negerlein
die dachten »merkt ja keiner.«
Sie liebten sich im Speisesaal,
da war es nur noch einer.

9 kleine Negerlein
die mussten zum Doktor geh'n.
Der wies sie in die Klinik ein,
da waren's wieder 10.

4   Poetischer Cocktail

Jeder kennt die Forschungen zur Entwicklung des aufrechten Ganges und die Evolutions-Theorie von Charles Darwin vom Primaten zum Homo Sapiens. Aber ist dieser Homo noch so »sapiens« (weise) und was kommt danach? Wenn man einem Cartoon auf einem T-Shirt meines Enkels, der selbst begeisterter Skispringer ist, glauben darf, ist das der Mensch, der durch die Luft fliegen kann. Auch andere sportliche Themen sind dabei, wie der Boom der E-Bikes oder Doping und eine Reihe anderer Themen aus der Vielfalt des Lebens, wie es sich für einen Cocktail gehört. Das beschreibt das Gedicht, das diesem Kapitel und diesem Büchlein den Namen gegeben hat.

Bei den Worten »Ein Mensch« denkt man sofort an den großen Eugen Roth. Aber was danach kommt, muss man selber machen – sonst wäre es ja kein ehrliches Handwerk. »Leichtes« zu schreiben ist gar nicht so einfach

und so muss man zu der Einsicht sich bequemen:
Die Kunst ist, Ernstes leicht zu nehmen.

Vom Affen zum Skispringer

Einst war – im Lande der Schlaraffen
der ganze Wald gefüllt mit Affen,
die hatten weiter nichts zu tun
als auf den Ästen auszuruh'n.
Dann schwingen sie mit den Lianen
von Baum zu Baum sich mit Bananen.
Ganz unbewusst und ungeniert
wurd' so das Fliegen ausprobiert.
Schließlich wurd's einem langeweilig.
Vielleicht hatt' er es einfach eilig.
Er sprach zu sich: »Wie wär das schön
könnt man mal auf zwei Beinen steh'n.«
Fängt an, mit Basen und mit Vettern
von seinem Baum herabzuklettern.
Dann kann er auf der Erde steh'n.
das war erst wacklig anzuseh'n.
Doch schließlich wurd' er immer dreister.
Man sieht: die Übung macht den Meister.
Und statt ihn blöde anzukläffen,
begann man ihn flugs nachzuäffen.
So wurd' in Weltgeschichts-»Sekunden«
der Mensch mit seinem Gang »erfunden.«
Zu gehen, rennen und zu laufen
bis man zuletzt nicht mehr konnt' schnaufen,
zu springen mit und ohne Seil

fanden die Affen »affengeil«.
Nur merkten sie dabei auch schnell:
man friert erbärmlich ohne Fell.
Viel schöner war's im Schutz der Bäume,
Da hatte man noch schöne Träume.
Darauf der Ober-Affe spricht:
rückt schnell zusammen, schämt euch nicht.
Zusammen friert man nicht so schnell,
ein jeder wärmt des Anderen Fell.
Zusammen heißt auf Bayrisch »z'samm«
und so entstand der erste Stamm.

Schon vieles hat der Mensch gelernt,
seitdem er sich vom Baum entfernt.
Zwar ist die Steinzeit lang vorbei,
viel ist passiert, was es auch sei.
Dies wird, das ist nicht übertrieben
in vielen Büchern aufgeschrieben.
Doch nirgendwo geschrieben steht,
wie die Geschichte weiter geht.

War's Traum, war es ein Geistesblitz?
Den Menschen schien es wie ein Witz
von einer Schanze abzuspringen,
sich in die Lüfte aufzuschwingen
mit Brettern, die an Stiefeln kleben
frei durch die Luft davon zu schweben.

Nun nimmt der Mensch sich – gar nicht träge –
als Hilfsmittel die Motorsäge
und schneidet aus dem Baumstamm Stangen...
Damit hat alles angefangen:
mit diesen Stangen konnt' man geh'n
und nach der Landung sicher steh'n.
Und diese Stangen heißen wie?
Im Traum hieß es: »Das sind die Schi.«
Und damit geht der Mensch aufs Ganze
und stürzt tollkühn sich von der Schanze.
Doch bald schon merkt er: richtig schön
ist's wenn am Start noch andere steh'n
mit denen er sich messen kann –
und damit fing der Wettkampf an.

Wenn du beim Sprung die Angst besiegst
und einen sauberen Absprung kriegst,
dann brauchst du – das weiß jedes Kind –
zum guten Sprung den guten Wind.
Du hebst ab, hörst von unten »ZIEH«
und du fliegst weit, so weit wie nie.
und landest schließlich »affenstark«
mit einem sauberen Telemark.
Mach weiter so und mit der Zeit
ist es aufs Treppchen nicht mehr weit.

So kann man die Entwicklung sehen
und jedes Kind kann es verstehen:
der Mensch bleibt oft am Boden liegen,
Skispringer aber können fliegen.

Anm.: Auf dem T-Shirt meines Enkels sind aufgedruckte Bilder, die
die Entwicklung der Menschen zeigen: ganz links der Affe, dann
der Neandertaler, der Mensch, zuletzt der Skispringer.

Die Akupunktur-Prüfung

Ein Mensch, der lernt und nicht zu knapp
begibt im Frühjahr sich nach GAP.
Bereit, nach vieler Kurse Müh'n
sich einem Test zu unterzieh'n.
Er lernt ein Jahr wie einst die Ahnen
die Sache mit den Meridianen,
wie Punkte gut gestochen werden
für zig Wehwehchen und Beschwerden.
Dann kann man ihn nicht mehr bezichtigen,
er fände nicht den Punkt – den richtigen
um Kranke fachgerecht zu nadeln,
damit man ihn nicht könne tadeln.
Dazu hat er sehr viel gelesen
über die Weisheit der Chinesen
und dann hat man ihm beigebracht,
wie man es in der Praxis macht.
So vorbereitet wunderbar
nach einem arbeitsreichen Jahr
betritt er voller Mut das Haus,
packt ruhig seine Sachen aus
und fängt mit vielen anderen dann
zu denken und zu schreiben an.
So knackt er manche harte Nuss
und kommt dann glücklich an den Schluss.
Er geht hinaus und atmet tief

lässt hinter sich den Prüfungs-Mief.
Die Sonne gibt ihm neue Kraft.
Er hat das A-Diplom geschafft.

Zum A-Diplom in Akupunktur in Garmisch 1998

Poesie-Album

Ein Mensch durchblättert dieses Buch
und findet darin Spruch auf Spruch,
die Carlos hier gesammelt gerne,
damit daraus er etwas lerne.
Nun wünscht er sehnlichst, wüßt' auch er,
wo kommen solche Sprüche her?
Um nicht zu schreiben nur Geschwafel
wälzt Zeitung er und Buch und Tafel.
Auch lässt von anderen abzuschreiben
er vorsichtshalber lieber bleiben.
Und schließlich – wohl als Quintessenz –
verschreibt er folgende Sentenz:
Steh' deinem Nächsten nicht im Licht.
Tritt auch in seinen Schatten nicht.
Kaum weiß man noch wie man sich stellt
bei soviel Menschen auf der Welt.

Eintrag in das Poesie-Album eines Zehnjährigen, Erlangen 1978

Das E-Bike Teil 1

Ein Mensch ist einst in jungen Jahren
sehr oft und gerne Rad gefahren.
Kein Berg zu steil, kein Weg zu lang,
auch downhill wurde ihm nicht bang.
Doch nun läuft's nicht mehr ganz so rund:
groß ist der innere Schweinehund.
Er strengt sich an, doch wie zum Hohn,
die anderen fahren ihm davon.
Er düst nicht mehr mit 40 Sachen,
muss immer öfter Pause machen.
Aufhören, denkt er, kann nicht sein,
doch da fällt ihm die Lösung ein:
damit das Treten nicht so schwer
muss nun ein neues E-Bike her.
Soll's weiter oder schneller sein,
dann schaltet der Motor sich ein.
Dank unsichtbarer Unterstützung
mit der Motoren-Schubkraft-Nützung
fühlt er sich endlich wieder frei.
Er braust dahin wie einst im Mai.

Um zu vermeiden einen Schaden
ist's gut, den Akku aufzuladen.
Denn dies sei hier bemerkt am Rande:
Regeneration ist keine Schande.

Nun kann der Wind die Stirne kühlen
und er sich wieder jünger fühlen.
Mit dem Motor kommt er noch weit,
doch sitzt auch er im Zug der Zeit.

Das E-Bike Teil 2

Ein Mensch ist ganz des Lobes voll:
»Nein, so ein E-Bike, einfach toll!«
Nun schafft er's – gänzlich ohne Schwitzen –
den anderen davon zu flitzen.
Auch kommt er so hinauf auf Höh'n,
die er zuvor noch nie geseh'n.
Und alles wär nur halb so schwer,
wenn nicht die steile Abfahrt wär.
Das schwere Rad schiebt einfach an,
mehr als der Mensch erbremsen kann.
So landet mancher – welch ein Graus –
statt auf der Alp im Krankenhaus.
Was er jetzt über's E-Bike sagt,
wird hier zu schreiben nicht gewagt.

Motor-Doping

Am Radsport-Stammtisch jedermann
mit seiner Leistung prahlen kann.
Wie man strategisch fährt und denkt,
die Konkurrenz am Berg abhängt,
wie man bei der Windschatten-Fahrt,
regeneriert und Kräfte spart
um dann mit diesen Tricks und Finten
am anderen vorbei zu sprinten.
Man pirscht sich leis von hinten an,
gibt Gas, dass niemand folgen kann.
Und auch von Tritt- und Herzfrequenz
von Wunder-Pulver und Essenz,
ob Iso oder doch Chemie –
verdächtig ist das irgendwie.
Doch dazu schweigt der User still,
weil er erkannt nicht werden will.
Der Unmensch, welcher unterdessen
diskussions-fern dabei gesessen,
hat zugehört und nachgedacht
und sich draus einen Reim gemacht.
Und später, nächtens um ½ zehn
sieht man ihn an der Werkbank steh'n.
Was er im Dunkeln da kreiert,
wird dann im Rennen vorgeführt.
Zunächst fällt er im Rennverlauf

dem Zuschauer nicht weiter auf.
Doch dann beschleunigt er enorm.
Ein jeder staunt: ist der in Form!
Dann sieht man ihn zum Ziel einbiegen.
Fast scheint es so, als würd' er fliegen.
»Da stimmt was nicht, das kann nicht sein!«
Die Konkurrenz legt Einspruch ein.
Man untersucht und findet nichts,
trotz aller Sorgfalt des Gerichts.
Ein Prüfer spricht: »Für diesen Fall
schau ich mal nach mit Ultraschall.«
Gesagt – getan...und man entdeckt
ein »Ding« im Oberrohr versteckt.
Das »Ding« kam allen seltsam vor.
Es war ganz einfach ein Motor,
der einschaltbar durch einen Bügel
und das verleiht dem Fahrer Flügel.
Der Sieg wird nunmehr annulliert
und das Ergebnis korrigiert.
Der Unmensch aber, der betrogen,
ist seitdem »unbekannt verzogen«.

Blockade

Ein Mensch soll schreiben ein Gedicht:
was er versucht, es glückt ihm nicht.
Er bringt nichts fertig, denn gerade
hat er »Akute Schreibblockade«.
Das Thema »Heimat« soll es sein,
jedoch umsonst – ihm fällt nichts ein.
Und endlich kommt er zu dem Schluss,
dass nichts mehr geht, wenn's gehen muss.
Vielleicht sollt' er ein wenig dösen,
um die Blockade aufzulösen.
Nun nimmt das Wunder seinen Lauf:
schon geht die innere Türe auf.
Er muss nicht packen sieben Sachen,
er lebt wo andere Urlaub machen.
Im hintersten Namibia
sind seine inneren Bilder da,
Geruch, Geschmack, Assoziationen
ganz tief in seinem Herzen wohnen.
In Thailand am Buffet entdeckt
er Brot, das »wie zu Hause« schmeckt.
Dass der Vergleich dir möglich sei
hast du das Muster stets dabei.
Hast du beim Schimpfen dich ertappt,
dass hier nichts »wie zu Hause« klappt,
dann wird es – statt dich zu beschweren –

Zeit, endlich wieder heimzukehren.
Nachdem der Mensch dies nun erkannt,
war seine Lähmung schnell gebannt,
war sein Gefühl ihm wieder nah'
der Weg zur Schreibhand wieder da.
Die »Heimat-Dichtung« ist vorbei,
des Menschen Kopf ist wieder frei.

Poetischer Cocktail

Ein Mensch schreibt – er glaubt's selber nicht –
in jeder Woche ein Gedicht.
Wo hat er die Ideen her?
Die Antwort fällt ihm gar nicht schwer:
er sagt – und dies ist nicht gelogen –
»Das ist mir einfach zugeflogen.«
Den Themen dient dabei als Nahrung
zuerst die eigene Erfahrung.
Dazu gesellt sich irgendwie
ein guter Anteil Fantasie.
Das Ganze mischt sich wunderbar.
War's Dichtung oder war es wahr?
Ganz unnütz scheint uns diese Spaltung:
Den Cocktail nennt man »Unterhaltung«.

5   Ein Biber im Tiber: Nonsens – Gedichte

Dieses Kapitel enthält
Sprachspielereien
Ein-Reim Reime
Epigramme
Schüttelreime
Limericks
Nonsens und vieles mehr,
sogar zwei Balladen, heiter, besinnlich, manchmal
auch hintersinnig. Da wird die Sprache »plastisch –
fantastisch«, es darf verdreht, geknetet und gespielt
werden. Christian Morgenstern, Joachim Ringelnatz
und Heinz Erhardt grüßen von fern. Und auch an den
»Jabberwock« aus »Alice im Wunderland« von Lewis
Carroll und den darin enthaltenen herrlichen Non-
sens mag man denken. Und wenn die Wirklichkeit voll
Nonsens ist, hilft nur, darüber zu lachen. All das regt
an, mit der Sprache zu spielen, sie als etwas Lebendi-
ges, Formbares zu sehen, kurz, etwas, das Spaß macht.

Ein Mensch hat einmal Spaß gemacht
und will, dass man darüber lacht.
Jedoch wird er darob nicht froh:
Die Wirklichkeit ist wirklich so.

Was soll's? Lachen wir trotzdem!

———————————————

Dusel

Musel und Susel fahren nach Kusel
Susel ist Musel sein Gschpusel.
Dort trinken sie Fusel
Musel fällt um
dumm
Susel hat Dusel
warum?
Sie mag keinen Fusel,
fährt lieber Carousel.

Anm.: Musel gibt es wirklich, er heißt aber nicht so,
das ist sein Spitzname

Wandl

Ob Frau oder Mandl
alles liest Jandl
trinkt Tee aus dem Kanndl
voll bis zum Randl
direkt vom Handl.
Viel Wandl im Landl.

Anm.: Ernst Jandl, österreichischer Dichter und
Sprachjongleur (Ottos Mops kotzt)

Brand

Brandt löscht den Brand mit Weinbrand
Rembrandt nimmt Sand vom Strand.
Brandt und Rembrandt sitzen am Rand
der Wand, essen Schmand vom Land.
Allerhand!

Beziehung

Interessiert, probiert, fasziniert, liiert.
Riskiert, spioniert, demaskiert.
Diskutiert, irritiert, ausquartiert.
Passiert.
Notiert.

Anm.: Dies ist die gütliche Trennung. Die böse Variante der letzten

2 Zeilen lautet: massakriert, krepiert.

Lohi

Hochdeutsch: Ich muss ohnehin zur Lohi
Fränkisch:
1. Zur Louhi mou i suwisu hie.
2. I mou suwisu zur Louhi hie.

Fortsetzung:
Hochdeutsch: Ich habe keine Lust, ich schicke meinen Mann hin.
Fränkisch: I mooch ned, I schigg mein Mo hie.

Anm.: Lohi = Lohnsteuerhilfe-Verein

Tierisches 1

Der Luchs luchst
der Tiger tigert
die Spinne spinnt
der Stier stiert
das Kalb kalbt
der Büffel büffelt
das Maultier mault
der Reiher reihert
die Robben robben

das Krokodil dealt
das Zicklein zickt
bis
die Drossel das Tempo drosselt
weil sich der Aal aalt.
Wie das den Wurm wurmt
und den Fuchs fuchst!
Ob dem Schwan etwas schwant?
Fehlt nur noch,
dass der Wein weint
und die Linsen linsen.

Belohnung

Diejenigen, die diejenigen,
die die die Garagentore
öffnenden Schlüssel
bestellt haben, benachrichtigen,
werden eine Belohnung erhalten.

Vielsagend

Die Durchsage
der Ansage
der Absage der Zusage
erfolgte über Megaphon.
Soweit meine Aussage.

Stand

Der Vorstand gab seinen Einstand
und nahm vom Zahlen Abstand.
Wodurch die Rechnung ausstand.
Kein Anstand, sondern
ein unhaltbarer Zustand.

Weiden

Die Kühe weiden
auf den Weiden
von Weiden
unter den Weiden
auf beiden Seiten,
nicht nur auf der breiten,
die sie bescheiden meiden.

Anm.: In Franken reimen sich auch die Zeilen 5 und 6.
Da heißt es »Seiden« und »breiden.«

Spontanheilung

Die Basen saßen auf den Straßen und lasen.
Wurden krank von Abgasen
und zwar dermaßen,
dass sie keine Phrasen mehr fraßen,
mussten ins Röhrchen blasen.
Worauf sie auf den Rasen rasen
wo die Hasen grasen,
wo sie genasen
von den Abgasen.

Guter Rat

Wer wird denn
Klingen schwingen,
mit Ringen ringen?
Soll dir's gelingen,
lausche den Dingen,
bring sie zu Singen,
du kannst sie nicht zwingen.
Lass dich durchdringen,
dann wird es gelingen.

Gedicht für den Nikolaus

Lieber, guter Nikolaus!
In Oberstdorf bin ich zu Haus.
Ich habe einen großen Bruder:
Mein Kilian, der ist auch ein guter.
Drum mach' mir nicht das Leben schwer,
den Nucki geb' ich gar nicht her.

Dreher

Hausmeister
Mausheister
Heismauster
Meishauster.

Warnung

In Sekten
sei auf der Hut.

Geschüttelt

Das Warzenschwein
mag schwarzen Wein.

Kannitverstaan

Du kommst ins Lokal
am Tisch sitzen
Enter-Bender und Hinster-Bender.
Du bestellst:
Gulasch mit Petersieler Däpfeln.
Na Servus!

Anm.: Man achte zur Verständnis-Schonung
stets auf die richtige Betonung.
Verstehst du diesen Schmäh nicht gleich:
Pass auf! Du bist in Österreich.

Verwandtschaft

Onkel und Tanten
verbanden
Besuch bei Verwandten
mit Treffen von Neffen,
Geschichten mit Nichten.
Mitnichten!?

Apfelsaft (Opfelsoft)

Ehe die Pfosten rosten
sei auf dem Posten.
Du sollst das Obst mosten
vor dem Frosten.
Erst kosten,
dann prosten.
Jetzt host 'n.

Anm.: niederbayerisch für » hast du ihn« . Daher auch »Opfelsoft«.

Das Märchen von Herrn Leo Pard

Ein Mann mit Namen Leo Pard
war einst in eine Frau vernarrt.
Sie wurde – wie erst jetzt bekannt –
von allen »Lope« nur genannt.
Herr Pard fand – das ist interessant –
auch eine andere Frau charmant.
Sie sagte ihm: »Mein Bester,
ich bin Frau Lopes Schwester.
Doch weil ich so verschieden bin,
kam's meinen Eltern in den Sinn,
dass alle, die mich kennen,

mich »Anti-Lope« nennen.«
Herr Pard hat zugehört von fern,
er kam und sagt:» Das hör‘ ich gern.
Du bringst mich ganz um den Verstand.«
Dann nahm er Anti-Lopes Hand
und rief nach einem Popen
zu freien Anti-Lopen.
Herr Leo Pard war guter Dinge
beim Anstecken der Eheringe.
Im Hintergrund spielt eine Band
noch einen frechen Dixieland:
»Herr Pard hat heute eine Braut,
doch morgen ist sie schon verdaut.«
Doch statt des Textes hört man nur
Musik – dank voriger Zensur.
Und das war gut, denn – nebenbei –
das Lied war gar nicht jugendfrei.
Dann wurd getrunken und diniert,
getanzt, gefeiert, musiziert...
Die Hochzeitsfeier war vorbei
tief in der Nacht, so gegen drei.
Herr Pard zu der Gemahlin sprach:
»Gleich gehen wir in das Gemach.
Ich hab‘ dich gern zum Fressen.«

Den Rest hab‘ ich vergessen.

Tierisches 2

Die Katz
springt auf die Matratz,
fängt mit der Tatz
die Ratz
und macht »Schmatz-Schmatz«
ganz ohne Latz.
Weg ist die Ratz
ratzfatz.

Biber

Einst lebte ein Biber im Tiber,
der schwamm je länger je lieber
mal rieber, mal nieber
dann taucht er kopfieber
und wollt' er nicht schwimmen
dann trieb er.
Im Tiber.

Anm.: Offenbar stammt der Erzähler aus der Pfalz.
Daher »nieber« und »rieber«.
Cave: Statt nieber und rieber
schreib lieber: nüber und rüber,
sonst gibt's auf die Nase ‚nen Stüber.

Gute Vorsätze

Schwer sind die Bäuche, die vollen.
Iss Knollen statt Stollen!
Schluss mit den Mollen
sonst könnt ihr mich rollen.
Die Pfunde sollen sich trollen!
Statt wie die Prollen
zu feiern auf fernen Atollen
und den Speckrollen zu grollen
sollst Du dir Aufmerksamkeit zollen!
Und zwar ohne zu schmollen.
Genug der Vorsätze, der tollen
wenn Taten nicht folgen sollen!
Sonst bleibt alles beim Ollen –
ob mit oder ohne Pollen.

Seemannsgarn

Mehr Zuversicht, Wicht!
Die Plicht bricht nicht.
Wer diese Ansicht verficht,
ist nicht ganz dicht
und kommt vor Gericht.
Gut ist die Sicht
laut Wetterbericht
drum übe Verzicht
auf das Licht.
Den Hafen verfehlen wir nicht.

Anm.: Plicht = seemännischer Ausdruck für Schiffsteil

Limericks

Frieder

Ein junger Mann namens Frieder
ging allen Damen ans Mieder.
Wenn eine nicht wollte
er nicht lange grollte.
Dann versuchte er es gleich wieder.

Gebiss

Ein Mann schwamm einst in der Schlei,
da ging das Gebiss ihm entzwei.
Er grämte sich sehr,
doch er fand es nicht mehr.
Seitdem isst er fast nur noch Brei.

Dame in Pisa

Eine Dame spazierte durch Pisa,
so schön wie man sowas noch nie sah.
Dann tanzte sie lange

Wange an Wange
so wild, dass man dabei das Knie sah.

Chirurg

Beim Fußballverein Metallurg
praktizierte einst ein Chirurg.
War jemand verletzt
wurd das Messer gewetzt.
Von dem Geld kauft er sich eine Burg.

Damen

Beim Oktoberfest fielen die Damen
schon nach zwei Maß Bier aus dem Rahmen.
Sie begannen zu singen
und auf die Tische zu springen
und ihre Lieder war'n gewiss keine zahmen.

Vorschläge für ein Sabbatjahr

Statt hinter Büchern zu sitzen
und für die Prüfung zu schwitzen
sollst Du verreisen
bei diesen niedrigen Preisen.
Zeit hast Du genug,
drum nimm den Zug,
fahr hinaus in die Welt.
Ich gebe Dir Geld.
Du sollst lassen
es zu verprassen.
Gib Acht! Es wimmelt von Strolchen.
Vielleicht kannst Du einen erdolchen.
besser noch zwei.
Doch lass Dich nicht erwischen dabei.
Denn wenn sie Dich fassen
kommst Du auf die Schnelle
in die Zelle
zu den anderen Insassen.
Das könnt' denen so passen!
Doch Du hast ja noch alle Tassen
im Schrank.
Gott sei Dank!
Statt immer zu fluchen
sollst Du es mit Arbeit versuchen.
Am Monatsende

bringst Du die Dividende
oder den Rest vom Fest
aufs Konto
und zwar pronto!
Vorausgesetzt
dort ist noch ein Rest,
so dass sich was fände,
nicht nur Ende Gelände.
Und hast Du nur noch Frust
und zum Reisen keine Lust.
Dann sei gescheit
und lass Dir Zeit!
Lieber den Zug verpassen
als das Gepäck stehen lassen,
wenn Du voller Hast
nach dem Türgriff fasst.
Dann kommst Du nach Haus
und die Geschichte ist aus.

Die Ballade vom wirschen Hold

Es war einmal ein wirscher Hold,
der ein Geheuer fangen wollt.
Er ritt durch einen Wald gestüm.
Von weitem sah er das Getüm.
Was schwirrt um seines Pferdes Kiefer?
Das sind ja Mengen von Geziefer!
Ein Rabe rief: » Kehr um! Zurück!
Halt ein, Du reitest in Dein Glück!«
Der Hold sprach drauf: »Ich muss da hin:
Hör auf, erzähl mir keinen Sinn.
Von deinem Rat hab' ich genug,
denn was ich tue, ist kein Fug.«
Der Rabe spricht: »Ein Rat muss sein:
Lass dich auf keinen Nahkampf ein.
Denn dieses heimliche Geheuer
spuckt aus der Nähe kräftig Feuer.«
Der Hold packt fester Schwert und Lanze,
er reitet an und geht aufs Ganze.
Schon sieht man auf der Lichtung steh'n
das Monster, schrecklich anzuseh'n.
Mit großem Kopf, hoch wie ein Haus,
stößt Rauch aus seinen Nüstern aus.
Das Monster reißt weit auf den Rachen
und will dem Hold den Garaus machen.
Es stampft und brüllt, dann spuckt es Feuer

wie sich's gehört für ein Geheuer.
Der wirsche Hold jedoch, nicht faul,
stößt ihm die Lanze tief ins Maul.
Der Boden färbt sich ringsum rot,
das Monster fällt, dann ist es tot.
Der Hold mit einem sauberen Schnitt
nimmt ein Ohr als Trophäe mit.
Bald breitet sich die Kunde weit,
dass alle vom Getüm befreit.
Der wirsche Hold wird nun hofiert
und mit fünf Orden dekoriert,
erhält gar der Prinzessin Hand
und obendrein zehn Morgen Land.
Dort wartet er – nicht mehr gestüm-
aufs nächste heimliche Getüm.

Anm.: Was solltest Du als Leser tun?

Ergänze überall das »un-«.

Nachtrag

Was will der wirsche Hold uns sagen?
Das sei zum Schluss noch nachgetragen.

Was solltest Du als Leser tun?
Ergänze überall das »un-«.

Das war der gut gemeinte Rat,
den man uns aufgeschrieben hat.
Der Leser ist darauf neugierig,
die Umsetzung jedoch ist schwierig.
Und frau fragt sich sogleich: Wo bin
bei all dem ich, die Leserin?
Gesagt-getan und Dir wird klar:
so klingt es ziemlich sonderbar.
Die Einsicht fällt Dir gar nicht schwer:
der Rhythmus stimmt jetzt gar nicht mehr.
Du merkst nun binnen kurzer Frist,
was dieser Text gewiss nicht ist:
er ist nicht unecht, nicht unendlich,
nicht unlogisch, nicht unverständlich,
nicht unartig und nicht unsäglich
und ganz und gar nicht unerträglich,
nicht unsinnig und nicht unsittlich,
nicht unrecht und nicht unerbittlich,
nicht unfein und nicht unentschlossen,

nicht unklug und nicht unverdrossen.
Nach d e r Betrachtung siehst Du ein:
so wie es ist, so muss es sein!
Der Text erscheint Dir schließlich-endlich
auch ohne un- nicht unverständlich.
Damit ist Dir und allen klar,
dass dieser Fall kein Un-Fall war.

Zeit

Statt Vollzeit und Teilzeit
viel Zeit für Spielzeit.
Familienzeit:
Auszeit oder Eiszeit?
Oder Nerven-Zerreiß-Zeit?
Ohne Schonzeit
in Rekordzeit
von Inkubationszeit
zur Verdoppelungszeit.
Man lernt viel
zur Zeit.
Balkonzeit statt Reisezeit.
Fragen zur Unzeit:
Zurück in die Vorzeit?
Nach vorn in die Neuzeit?
Hat die Auszeit Halbzeit?
Antworten in Echtzeit:
Probezeit!?
Übergangszeit!?
Nach Schließungszeit
jetzt Lockerungszeit.
Verkürzte Lebenszeit.
Neue Normalzeit!
Keine Zeit!
Du liebe Zeit!

Anmerkung: Gedanken zu Corona 2020

Epilog

Aus der Sicht des Adlers

Unter den Wolken
nur Weite und Stille.
Verschneite Gipfel schwingen
zum Horizont,
Abbruchkanten wie Klingen,
wie die Wellen
eines versteinerten Meeres.
Fast wär' es
wie damals
vor der Zeit
wir schwebten über ein leeres
Land
vielleicht ist es bald
wieder soweit.

Bibliografie

Das Licht am Ende des Tunnels
Kurzgeschichten, Erzählungen, Gedichte

in Auszügen veröffentlicht in
Deutschlands neue Dichter und Denker
Halbjahresausgabe 1994/95
Frankfurt, ISBN 3-92893-11-1

Unsichtbare Mauern
Hypnotherapie in der Praxis
BoD, Norderstedt, 1996/2004
ISBN 3-8334-0999-1